VIA SACRA

CB001821

Conheça
nossos clubes

Conheça
nosso site

@editoraquadrante
@editoraquadrante
@quadranteeditora
Quadrante

VIA SACRA

Josemaria Escrivá

9ª edição

Tradução
Emérico da Gama

São Paulo, 2024

Título original
VIA CRUCIS

Copyright © 2021 by Fundación Studium
Com aprovação eclesiástica

Capa
Gabriela Haeitmann

Dados Internacionais de Catalogação na Publicação (CIP)

Escrivá de Balaguer, Josemaria, 1902-1975
Via Sacra / Josemaria Escrivá; tradução de Emérico da Gama. -
9ª ed. - São Paulo : Quadrante, 2024.

Título original: Via Crucis.
ISBN: 978-85-7465-582-6

1. Escrivá de Balaguer, Josemaria, 1902-1975 2. Via Sacra I.
Título.

CDD 264.0274

Índice para catálogo sistemático:

1. Via Sacra : Textos de orações: Igreja Católica Romana :
Cristianismo 264.0274

Todos direitos reservados a
QUADRANTE EDITORA
Rua Bernardo da Veiga, 47 - Tel. (11) 3873-2270
CEP 01252-020 - São Paulo - SP
www.quadrante.com.br / atendimento@quadrante.com.br

Sumário

PREFÁCIO... 11

Primeira Estação
JESUS É CONDENADO À MORTE 17

Segunda Estação
JESUS CARREGA A CRUZ 23

Terceira Estação
JESUS CAI PELA PRIMEIRA VEZ.......................... 29

Quarta Estação
JESUS ENCONTRA MARIA,
SUA MÃE SANTÍSSIMA....................................... 33

Quinta Estação
SIMÃO AJUDA JESUS A CARREGAR A CRUZ 39

Sexta Estação
UMA PIEDOSA MULHER ENXUGA O
ROSTO DE JESUS... 45

Sétima Estação
JESUS CAI PELA SEGUNDA VEZ.......................... 51

Oitava Estação
JESUS CONSOLA AS FILHAS DE JERUSALÉM 57

Nona Estação
JESUS CAI PELA TERCEIRA VEZ 61

Décima Estação
JESUS É DESPOJADO DE SUAS VESTES 67

Décima Primeira Estação
JESUS É PREGADO NA CRUZ 73

Décima Segunda Estação
JESUS MORRE NA CRUZ 79

Décima Terceira Estação
JESUS É DESPREGADO DA CRUZ E
ENTREGUE À SUA MÃE 85

Décima Quarta Estação
O CORPO DE JESUS É SEPULTADO 91

O AUTOR

São Josemaria Escrivá nasceu em Barbastro (Espanha), no dia 9 de janeiro de 1902. Em 1918 começou os estudos eclesiásticos no Seminário de Logroño, prosseguindo-os depois no de São Francisco de Paula, em Saragoça. Entre 1923 e 1927 estudou também Direito Civil na Universidade de Saragoça. Recebeu a ordenação sacerdotal em 25 de março de 1925. Iniciou o seu ministério sacerdotal na paróquia de Perdiguera, continuando-o depois em Saragoça.

Na primavera de 1927 mudou-se para Madri, onde realizou um infatigável trabalho sacerdotal em todos os ambientes, dedicando também a sua atenção aos pobres e desvalidos dos bairros mais distantes, especialmente doentes incuráveis e moribundos dos hospitais. Aceitou o cargo de capelão do Patronato dos Enfermos, trabalho assistencial das Damas Apostólicas do Sagrado Coração, e foi professor em uma academia universitária, enquanto fazia o doutorado em Direito Civil.

No dia 2 de outubro de 1928, o Senhor fez-lhe ver o Opus Dei (Obra de Deus). Em 14 de fevereiro de 1930 compreendeu – por inspiração divina – que devia estender o apostolado do Opus Dei também às mulheres. Abria-se assim na Igreja um caminho novo, destinado a promover entre pessoas de todas as classes sociais a procura da santidade e o exercício do apostolado, mediante a santificação do trabalho de cada dia no meio do mundo. No dia 14 de fevereiro de 1943, fundou a Sociedade Sacerdotal da Santa Cruz, inseparavelmente unida ao Opus Dei. Além de permitir a ordenação sacerdotal de membros leigos do Opus Dei e a sua incardinação a serviço da Obra, a Sociedade Sacerdotal da Santa Cruz viria a permitir mais tarde que os sacerdotes incardinados nas dioceses pudessem participar do espírito e da ascética do Opus Dei, buscando a santidade no exercício dos seus deveres ministeriais, em dependência exclusiva do seu respectivo Bispo. O

Opus Dei foi erigido em Prelazia pessoal por São João Paulo II no dia 28 de novembro de 1982: era a forma jurídica prevista e desejada por São Josemaria Escrivá.

Em 1946 Mons. Escrivá passou a residir em Roma, onde permaneceu até o fim da vida. Dali estimulou e orientou a difusão do Opus Dei por todo o mundo, dedicando-se a dar aos homens e mulheres da Obra e a muitas outras pessoas uma sólida formação doutrinal, ascética a apostólica. Por ocasião da sua morte, o Opus Dei contava mais de 60.000 membros de oitenta nacionalidades.

São Josemaria Escrivá faleceu em 26 de junho de 1975. Havia anos, oferecia a Deus a sua vida pela Igreja e pelo Papa. Seu corpo repousa no altar da igreja prelatícia de Santa Maria da Paz, na sede central da Prelazia do Opus Dei. A fama de santidade que o Fundador do Opus Dei já tinha em vida foi-se estendendo após a sua morte por todos os cantos do mundo, como mostram os abundantes testemunhos de favores espirituais e materiais que se atribuem à sua intercessão, entre eles algumas curas medicamente inexplicáveis.

São João Paulo II canonizou Josemaria Escrivá no dia 6 de outubro de 2002.

Entre seus escritos publicados, contam-se, além do estudo teológico-jurídico *La Abadesa de Las Huelgas*, livros de espiritualidade traduzidos para numerosas línguas: *Caminho, Santo Rosário, É Cristo que passa, Amigos de Deus, Via sacra, Sulco, Forja* e *Em diálogo com o Senhor*. Sob o título *Entrevistas com Mons. Josemaria Escrivá* publicaram-se também algumas entrevistas que concedeu à imprensa. Uma ampla documentação sobre São Josemaria pode ser encontrada em www.escrivaworks.org.br, em www.opusdei.org e em www.josemariaescriva.info.

PREFÁCIO

Mete-te nas chagas de Cristo Crucificado[1]. Quando propunha este caminho aos que lhe pediam conselho para aprofundar na vida interior, mons. Josemaria Escrivá não fazia senão comunicar a sua própria experiência, mostrar o atalho que ia percorrendo ao longo de todo o seu caminhar terreno, e que o conduziu aos mais altos cumes da espiritualidade. Seu amor por Jesus foi sempre uma realidade tangível, rija, terna, filial, comovente.

O Fundador do Opus Dei costumava afirmar, com sugestiva persuasão, que a vida cristã se reduz a *seguir Cristo: este é o segredo*. E acrescentava: *Acompanhá-lo tão de perto que vivamos com*

---

(1) *Caminho*, n. 288.

Ele, como aqueles primeiros doze; tão de perto, que com Ele nos identifiquemos[2]. Por isso aconselhava a constante meditação das páginas do Evangelho; e os que tiveram a sorte de ouvi-lo comentar algumas das cenas da vida de Cristo, sentiram-nas vivas, atuais, aprendendo a meter-se nessas passagens *como mais um personagem.*

Dentre todos os relatos evangélicos, mons. Escrivá detinha-se com especial detalhe e amor nas páginas que narram a Morte e a Ressurreição de Jesus. Nelas, além de outras muitas considerações, contemplava a Santíssima Humanidade de Cristo, que – na sua ânsia de se aproximar de cada um – se nos revela em toda a sua fraqueza humana e em toda a sua magnificência divina. *Por isso, dizia, aconselho sempre a leitura de livros que narrem a Paixão do Senhor; são escritos cheios de sincera piedade, que nos trazem à mente o Filho de Deus, Homem como nós e verdadeiro Deus, que ama e que sofre na sua carne pela Redenção do mundo*[3]. Na verdade, um

(2) *Amigos de Deus*, n. 299.
(3) *Ibidem.*

cristão amadurece e torna-se forte junto à Cruz, onde também encontra Maria, sua Mãe.

Como fruto da sua contemplação das cenas do Calvário, o Fundador do Opus Dei preparou esta Via Sacra. Era seu desejo que servisse de ajuda para meditar na Paixão de Jesus, mas jamais quis impô-la a ninguém como texto para a prática desta devoção tão cristã. E isso pelo seu grande amor à liberdade das consciências e pelo profundo respeito que sentia pela vida interior de cada alma, a tal ponto que nunca forçou nem sequer os seus próprios filhos a adotar caminhos determinados de piedade, a não ser, naturalmente, os que fazem parte essencial do espírito que Deus quis para o Opus Dei.

Esta nova obra póstuma de mons. Escrivá, como as anteriores, foi preparada para ajudar a orar e, com a graça de Deus, a crescer em espírito de contrição – *dor de amor* – e de agradecimento ao Senhor, que nos resgatou ao preço do seu Sangue[4]. Com essa mesma finalidade, acrescentaram-se, como pontos de meditação, palavras

---

(4) Cfr. I Pe I, 18-19.

de mons. Escrivá extraídas de suas pregações, da sua conversação, daquela sua ânsia de falar só de Deus, de nada mais que de Deus.

A Via Sacra não é um exercício triste. Mons. Escrivá ensinou muitas vezes que a alegria cristã tem as suas raízes em forma de cruz. Se a Paixão de Cristo é caminho de dor, é também a rota da esperança e da vitória certa. Assim o explicava numa de suas homilias: *Pensa que Deus te quer contente e que, se tu fazes da tua parte o que podes, serás feliz, muito feliz, felicíssimo, ainda que em momento nenhum te falte a Cruz. Porém, esta Cruz já não é um patíbulo, mas o trono do qual reina Cristo. E a seu lado encontrarás Maria, sua Mãe, Mãe nossa também. A Virgem Santa te alcançará a fortaleza de que necessitas para caminhar com decisão, seguindo os passos do seu Filho*[5].

Álvaro del Portillo
Roma, 14 de setembro de 1980
festa da Exaltação da Santa Cruz

---

(5) *Amigos de Deus*, n. 141.

Meu Senhor e meu Deus,
sob o olhar amoroso de nossa Mãe,
dispomo-nos a acompanhar-Te
pelo caminho de dor
que foi preço do nosso resgate.
Queremos sofrer tudo o que Tu sofreste,
oferecer-Te o nosso pobre coração, contrito,
porque és inocente e vais morrer por nós,
que somos os únicos culpados.
Minha Mãe, Virgem dolorosa,
ajuda-me a reviver aquelas horas amargas
que teu Filho quis passar na terra
para que nós, feitos de um punhado de lodo,
vivêssemos por fim
in libertatem gloriae filiorum Dei,
na liberdade e glória dos filhos de Deus.

Primeira Estação
JESUS É CONDENADO À MORTE

Passa das dez da manhã. O processo está chegando ao fim. Não houve provas concludentes. O juiz sabe que os seus inimigos O entregaram por inveja e tenta um expediente absurdo: a escolha entre Barrabás, um malfeitor acusado de roubo com homicídio, e Jesus, que se diz o Cristo. O povo escolhe Barrabás. Pilatos exclama:

– *Que hei de fazer, pois, de Jesus?* (Mt XXVII, 22).

Respondem todos: – *Crucifica-o!*

O juiz insiste: – *Mas que mal fez ele?*

E de novo respondem, aos gritos: – *Crucifica-o! Crucifica-o!*

Assusta-se Pilatos ante o tumulto crescente. Manda trazer água e lava as mãos à vista do povo, enquanto diz:

– *Sou inocente do sangue deste justo; é lá convosco* (Mt XXVII, 24).

E depois de ter mandado açoitar Jesus, entrega-O para que O crucifiquem.

Faz-se silêncio naquelas gargantas embravecidas e possessas. Como se Deus já estivesse derrotado.

Jesus está só. Vão longe os dias em que a palavra do Homem-Deus punha luz e esperança nos corações, as longas procissões de doentes que eram curados, os clamores triunfais de Jerusalém à chegada do Senhor, montado num manso jumentinho. Se os homens tivessem querido dar outro curso ao amor de Deus! Se tu e eu tivéssemos conhecido o dia do Senhor!

Pontos de meditação

1. Jesus ora no horto: *Pater mi* (Mt XXVI, 39), meu Pai, *Abba, Pater!* (Mc XIV, 36), *Abba*, Pai. Deus é meu Pai, ainda que me envie sofrimento

Ama-me com ternura, mesmo que me fira. Jesus sofre, para cumprir a Vontade do Pai... E eu, que quero também cumprir a Santíssima Vontade de Deus, seguindo os passos do Mestre, poderei queixar-me se encontro por companheiro de caminho o sofrimento?

Será esse um sinal certo da minha filiação, porque Deus me trata como ao seu Divino Filho. E então, como Ele, poderei gemer e chorar a sós no meu Getsêmani; mas, prostrado por terra, reconhecendo o meu nada, subirá até o Senhor um grito saído do íntimo de minha alma: *Pater mi, Abba, Pater..., fiat!* Faça-se!

2. A prisão de Jesus: *... Venit hora: ecce Filius hominis tradetur in manus peccatorum* (Mc XIV, 41). É chegada a hora; eis que o Filho do homem vai ser entregue às mãos dos pecadores. Quer dizer que... o homem tem a sua hora? Tem, sim... E Deus, a sua eternidade!

Algemas de Jesus! Algemas – que Ele voluntariamente deixou que Lhe pusessem –, atai-me, fazei-me sofrer com o meu Senhor, para que este corpo de morte se humilhe... Porque – não há meio termo – ou o aniquilo ou me envilece. Mais vale ser escravo do meu Deus que escravo da minha carne.

3. Durante o simulacro de processo, o Senhor cala-se. *Jesus autem tacebat* (Mt XXVI, 63). Depois, responde às perguntas de Caifás e de Pilatos... Com Herodes, volúvel e impuro, nem uma palavra (cfr. Lc XXIII, 9): tanto deprava o pecado de luxúria que não escuta nem a voz do Salvador.

Se em tantos ambientes resistem à verdade, cala-te e reza, mortifica-te... e espera. Também nas almas que parecem mais perdidas resta, até o fim, a capacidade de voltar a amar a Deus.

4. Está para se pronunciar a sentença. Pilatos zomba: *Ecce rex vester!* (Jo XIX, 14), eis o vosso rei. Os pontífices respondem enfurecidos: *Não temos outro rei senão César* (Jo XIX, 15).

Senhor! Onde estão os teus amigos? Onde os teus súditos? Deixaram-Te. É uma debandada que dura há vinte séculos... Fugimos todos da Cruz, da tua Santa Cruz.

Sangue, angústia, solidão e uma insaciável fome de almas... são o cortejo da tua realeza.

5. *Ecce homo!* (Jo XIX, 5), eis o homem! Estremece o coração ao contemplar a Santíssima Humanidade do Senhor feita uma chaga.

E então hão de perguntar-lhe: Que feridas são essas que trazes em tuas mãos? E ele responderá: São feridas que recebi na casa dos que me amam (Zac XIII, 6).

Olha para Jesus. Cada rasgão é uma censura; cada açoite, um motivo de dor pelas tuas ofensas e pelas minhas.

Segunda Estação
JESUS CARREGA A CRUZ

Fora da cidade, a noroeste de Jerusalém, há uma pequena colina. Chama-se Gólgota em arameu; em latim, *locus Calvariae:* lugar das Caveiras ou Calvário.

Jesus entrega-se inerme à execução da sentença. Não Lhe hão de poupar nada, e sobre os seus ombros cai o peso da cruz infamante. Mas a Cruz será, por obra do amor, o trono da sua realeza.

O povo de Jerusalém e os forasteiros vindos para a Páscoa acotovelam-se pelas ruas da cidade, para ver passar Jesus Nazareno, o Rei dos judeus. Há um tumulto de vozes; e, de tempos a tempos, curtos silêncios, talvez quando Cristo fixa os olhos neste ou naquele:

– *Se alguém quiser vir após mim, tome a sua cruz de cada dia e siga-me* (Mt XVI, 24).

Com que amor se abraça Jesus ao lenho que Lhe há de dar a morte!

Não é verdade que, mal deixas de ter medo à Cruz, a isso que a gente chama de cruz, quando pões a tua vontade em aceitar a Vontade divina, és feliz, e passam todas as preocupações, os sofrimentos físicos ou morais?

É verdadeiramente suave e amável a Cruz de Jesus. Não contam aí as penas; só a alegria de nos sabermos corredentores com Ele.

Pontos de meditação

1. A comitiva prepara-se... Jesus, escarnecido, é alvo das zombarias de todos os que O rodeiam. Ele!, que passou pelo mundo fazendo o bem e sarando as doenças a todos (cfr. At X, 38).

A Ele, ao Mestre bom, a Jesus, que veio ao encontro dos que estavam longe, vão levá-lO ao patíbulo.

2. Como se fosse para uma festa, prepararam um cortejo, uma longa procissão. Os juízes querem saborear a sua vitória com um suplício lento e desapiedado.

Jesus não encontrará a morte num abrir e fechar de olhos... É-lhe dado algum tempo para que a dor e o amor continuem a identificar-se com a Vontade amabilíssima do Pai. *Ut facerem voluntatem tuam, Deus meus, volui, et legem tuam in medio cordis mei* (Sl XXXIX, 9), o que me apraz, meu Deus, é cumprir a tua Vontade, e a tua lei está dentro do meu coração.

3. Quanto mais fores de Cristo, maior graça terás para a tua eficácia na terra e para a felicidade eterna.

Mas tens que decidir-te a seguir o caminho da entrega: a Cruz às costas, com um sorriso nos lábios, com uma luz na alma.

4. Ouves dentro de ti: "Como pesa esse jugo que tomaste livremente!" É a voz do demônio, o fardo... da tua soberba.

Pede ao Senhor humildade, e compreenderás tu também aquelas palavras de Jesus: *Iugum enim meum suave est, et onus meum leve* (Mt

XI, 30), que eu gosto de traduzir livremente assim: meu jugo é a liberdade, meu jugo é o amor, meu jugo é a unidade, meu jugo é a vida, meu jugo é a eficácia.

5. Há no ambiente uma espécie de medo à Cruz, à Cruz do Senhor. É porque começaram a chamar cruzes a todas as coisas desagradáveis que acontecem na vida, e não sabem levá-las com espírito de filhos de Deus, com sentido sobrenatural. Até arrancam as cruzes que os nossos avós plantaram pelos caminhos...

Na Paixão, a Cruz deixou de ser símbolo de castigo para converter-se em sinal de vitória. A Cruz é o emblema do Redentor: *in quo est salus, vita et resurrectio nostra:* ali está a nossa saúde, a nossa vida e a nossa ressurreição.

Terceira Estação
JESUS CAI PELA PRIMEIRA VEZ

A Cruz fende, desfaz com o seu peso os ombros do Senhor.

A turbamulta foi-se agigantando. Os legionários mal podem conter a multidão encrespada e enfurecida que, como rio fora do leito, aflui pelas vielas de Jerusalém.

O corpo extenuado de Jesus cambaleia já sob a Cruz enorme. Do seu Coração amorosíssimo mal chega um alento de vida aos membros chagados.

À direita e à esquerda, o Senhor vê essa multidão que anda como rebanho sem pastor. Poderia chamá-los um por um, pelos seus nomes, pelos nossos nomes. Ali estão os que se alimentaram na multiplicação dos pães e dos peixes, os que foram curados de suas doenças, os que Ele ensinou, junto do lago e na montanha e nos pórticos do Templo.

Uma dor aguda penetra na alma de Jesus, e o Senhor desaba extenuado.

Tu e eu não podemos dizer nada: agora já sabemos por que pesa tanto a Cruz de Jesus. E choramos as nossas misérias e também a tremenda ingratidão do coração humano. Nasce do fundo da alma um ato de contrição verdadeira, que nos tira da prostração do pecado. Jesus caiu para que nós nos levantássemos: uma vez e sempre.

Pontos de meditação

1. Triste?... Por teres caído nessa pequena batalha?

Não! Alegre! Porque na próxima, com a graça de Deus e com a tua humilhação de agora, vencerás!

2. Enquanto há luta, luta ascética, há vida interior. Isso é o que o Senhor nos pede: a vontade de querer amá-lO com obras, nas coisas pequenas de cada dia.

Se venceste no que é pequeno, vencerás no que é grande.

3. "Este homem está morrendo. Já não há nada a fazer..."

Foi há anos, num hospital de Madri.

Depois de se confessar, quando o sacerdote lhe dava a beijar o seu crucifixo, aquele cigano dizia aos brados, sem que conseguissem fazê-lo calar-se:

– Com esta minha boca podre, não posso beijar o Senhor!

– Mas se daqui a pouco vais dar-Lhe um abraço e um beijo muito forte, no Céu!

...Viste maneira mais maravilhosamente tremenda de manifestar a contrição?

4. Falas e não te escutam. E, se te escutam, não te entendem. És um incompreendido!...

Está certo. Em qualquer caso, para que a tua cruz tenha todo o relevo da Cruz de Cristo, é preciso que agora trabalhes assim, sem que te tenham em conta. Outros te compreenderão.

5. Quantos, com a soberba e a imaginação, se metem nuns calvários que não são de Cristo!

A Cruz que deves levar é divina. Não queiras levar nenhuma humana. Se alguma vez cais nesse laço, retifica imediatamente: basta-te pensar que Ele sofreu infinitamente mais por amor de nós.

Quarta Estação

JESUS ENCONTRA MARIA, SUA MÃE SANTÍSSIMA

Acabava Jesus de se levantar da primeira queda, quando encontra sua Mãe Santíssima, junto do caminho por onde Ele passa.

Com imenso amor, Maria olha para Jesus, e Jesus olha para a sua Mãe; os olhos de ambos se encontram, e cada coração derrama no outro a sua própria dor. A alma de Maria fica submersa em amargura, na amargura de Jesus Cristo.

Ó vós que passais pelo caminho, olhai e vede se há dor comparável à minha dor! (Lam I, 12).

Mas ninguém percebe, ninguém repara; só Jesus.

Cumpriu-se a profecia de Simeão: *Uma espada trespassará a tua alma* (Lc II, 35).

Na obscura soledade da Paixão, Nossa Senhora oferece a seu Filho um bálsamo de ternura, de união, de fidelidade; um *sim* à Vontade divina.

Levados pela mão de Maria, tu e eu queremos também consolar Jesus, aceitando sempre e em tudo a Vontade de seu Pai, do nosso Pai.

Só assim experimentaremos a doçura da Cruz de Cristo, e a abraçaremos com a força do Amor, levando-a em triunfo por todos os caminhos da terra.

Pontos de meditação

1. *Que homem não choraria ao ver a Mãe de Cristo em tão atroz suplício?*

Seu Filho ferido... E nós longe, covardes, resistindo à Vontade divina.

Minha Mãe e Senhora, ensina-me a pronunciar um *sim* que, como o teu, se identifique com o clamor de Jesus perante seu Pai: *Non mea voluntas...* (Lc XXII, 42): não se faça a minha vontade, mas a de Deus.

2. Quanta miséria! Quantas ofensas! As minhas, as tuas, as da humanidade inteira...

Et in peccatis concepit me mater mea! (Sl L, 7). E minha mãe concebeu-me no pecado. Nasci, como todos os homens, manchado com a culpa dos nossos primeiros pais. Depois... os meus pecados pessoais: rebeldias pensadas, desejadas, cometidas...

Para nos purificar dessa podridão, Jesus quis humilhar-se e tomar a forma de servo (cfr. Filip II, 7), encarnando-se nas entranhas sem mácula de Nossa Senhora, sua Mãe e Mãe tua e minha. Passou trinta anos de obscuridade, trabalhando como outro qualquer, junto de José. Pregou. Fez milagres... E nós Lhe pagamos com uma Cruz.

Precisas de mais motivos para a contrição?

3. Jesus esperou por este encontro com a sua Mãe. Quantas recordações de infância! Belém, o longínquo Egito, a aldeia de Nazaré. Agora também a quer junto de Si, no Calvário.

Precisamos dEla!... Na escuridão da noite, quando uma criancinha tem medo, grita: – Mamãe!

Assim tenho eu de clamar muitas vezes com o coração: – Mãe! Mamãe! Não me largues.

4. Até chegarmos ao abandono, há um pouquinho de caminho a percorrer. Se ainda não o conseguiste, não te aflijas: continua a esforçar-te. Chegará o dia em que não verás outro caminho senão Ele – Jesus –, sua Mãe Santíssima e os meios sobrenaturais que o Mestre nos deixou.

5. Se formos almas de fé, daremos aos acontecimentos desta terra uma importância muito relativa, como a deram os santos... O Senhor e sua Mãe não nos abandonam e, sempre que for necessário, far-se-ão presentes para encher de paz e de segurança o coração dos seus.

Quinta Estação

SIMÃO AJUDA JESUS A CARREGAR A CRUZ

Jesus está extenuado. Seus passos tornam-se mais e mais trôpegos, e a soldadesca tem pressa em acabar. De modo que, quando saem da cidade pela porta Judiciária, requisitam um homem que vinha de uma granja, chamado Simão de Cirene, pai de Alexandre e de Rufo, e o forçam a levar a Cruz de Jesus (cfr. Mc XV, 21).

No conjunto da Paixão, é bem pouco o que representa essa ajuda. Mas a Jesus basta um sorriso, uma palavra, um gesto, um pouco de amor para derramar copiosamente a sua graça sobre a alma do amigo. Anos mais tarde, os filhos de Simão, já cristãos, serão conhecidos e estimados entre os seus irmãos na fé. Tudo começou por um encontro inopinado com a Cruz.

Apresentei-me aos que não perguntavam por mim, acharam-me os que não me procuravam (Is LXV, 1).

Às vezes, a Cruz aparece sem a procurarmos: é Cristo que pergunta por nós. E se por acaso, perante essa Cruz inesperada, e talvez por isso mais escura, o coração manifesta repugnância..., não lhe dês consolos. E, cheio de uma nobre compaixão, quando os pedir, segreda-lhe devagar, como em confidência: "Coração: coração na Cruz, coração na Cruz!"

Pontos de meditação

1. Queres saber como agradecer ao Senhor o que fez por nós?... Com amor! Não há outro caminho.

Amor com amor se paga. Mas a certeza do carinho, é o sacrifício que a dá. Portanto, ânimo! Nega-te e toma a sua cruz. Então terás a certeza de Lhe devolver amor por Amor.

2. Não é tarde, nem tudo está perdido... Ainda que assim te pareça. Ainda que o repitam mil vozes agoureiras. Ainda que te assediem olhares trocistas e incrédulos... Chegaste num bom momento para carregar a Cruz: a Redenção está-se fazendo – agora! –, e Jesus precisa de muitos cireneus.

3. Para ver feliz a pessoa que ama, um coração nobre não vacila ante o sacrifício. Para aliviar um rosto dolente, uma alma grande vence a repugnância e dá-se sem nojos... Será que Deus merece menos que um pedaço de carne, que um punhado de barro?

Aprende a mortificar os teus caprichos. Aceita a contrariedade sem exagerá-la, sem espaventos, sem... histerismos. E tornarás mais ligeira a Cruz de Jesus.

4. *Hoje entrou a salvação nesta casa, pois também este é filho de Abraão. Porque o Filho do homem veio buscar e salvar o que tinha perecido* (Lc XIX, 9-10).

Zaqueu, Simão de Cirene, Dimas, o centurião...

Agora já sabes por que o Senhor te procurou. Agradece-Lho!... Mas *opere et veritate,* com obras e de verdade.

5. Como amar deveras a Cruz Santa de Jesus?... Deseja-a!... Pede forças ao Senhor para implantá-la em todos os corações, e a todo o comprimento e a toda a largura deste mundo! E depois... desagrava-O com alegria; procura amá-lO também com o palpitar de todos os corações que ainda não O amam.

Sexta Estação

UMA PIEDOSA MULHER ENXUGA
O ROSTO DE JESUS

N*ÃO HÁ NELE parecer nem formosura que atraia os olhares, não há beleza alguma que agrade. Desprezado, qual escória da humanidade, um homem de dores, experimentado em todos os sofrimentos, diante de quem se vira o rosto, foi menosprezado e tido em nada* (Is LIII, 2-3).

E é o Filho de Deus que passa, louco..., louco de Amor!

Uma mulher, de nome Verônica, abre caminho por entre a multidão, levando um véu branco dobrado, com o qual limpa piedosamente o rosto de Jesus. O Senhor deixa gravada a sua Santa Face nas três partes desse véu.

O rosto bem-amado de Jesus, que sorrira às crianças e se transfigurara de glória no Tabor, está agora como que oculto pela dor. Mas essa dor é a nossa purificação; esse suor e esse sangue que embaçam e esfumam as suas feições, a nossa limpeza.

Senhor, que eu me decida a arrancar, mediante a penitência, a triste máscara que forjei com as minhas misérias... Então, só então, pelo caminho da contemplação e da expiação, a minha vida irá copiando fielmente os traços da tua vida. Ir-nos-emos parecendo mais e mais contigo.

Seremos outros Cristos, o próprio Cristo, *ipse Christus.*

Pontos de meditação

1. Os nossos pecados foram a causa da Paixão: daquela tortura que deformava o semblante amabilíssimo de Jesus, *perfectus Deus, perfectus homo.* E são também as nossas misérias que agora nos impedem de contemplar o Senhor e nos apresentam opaca e distorcida a sua figura.

Quando temos a vista turva, quando os olhos se toldam, precisamos ir à luz. E Cristo disse: *Ego sum lux mundi!* (Jo VIII, 12), Eu sou a luz do mundo. E acrescenta: *Quem me segue não caminha às escuras, mas terá a luz da vida.*

2. Procura o trato íntimo com a Humanidade Santíssima de Jesus... E Ele porá na tua alma uma fome insaciável, um desejo "disparatado" de contemplar a sua Face.

Nessa ânsia – que não é possível aplacar na terra –, acharás muitas vezes o teu consolo.

3. Escreve São Pedro: *Por Jesus Cristo, Deus nos deu as grandes e preciosas graças que havia prometido, a fim de vos tornardes participantes da natureza divina* (II Pe I, 4).

Esta nossa divinização não significa que deixemos de ser humanos... Homens, sim, mas com horror ao pecado grave. Homens que abominam as faltas veniais e que, se experimentam cada dia a sua fraqueza, sabem também da fortaleza de Deus.

Assim, nada nos poderá deter: nem os respeitos humanos, nem as paixões, nem esta carne que se rebela porque somos uns velhacos, nem a soberba, nem... a solidão.

Um cristão nunca está só. Se te sentes abandonado, é porque não queres olhar para esse Cristo que passa tão perto..., talvez com a Cruz.

4. *Ut in gratiarum semper actione maneamus!* Permaneçamos sempre em ação de graças! Meu Deus, obrigado, obrigado por tudo: pelo que me contraria, pelo que não entendo, pelo que me faz sofrer.

Os golpes são necessários para arrancar do grande bloco de mármore aquilo que sobra. Assim esculpe Deus nas almas a imagem de seu Filho. Agradece ao Senhor essas delicadezas!

5. Quando nós, os cristãos, passamos maus bocados, é porque não damos a esta vida todo o seu sentido divino.

Onde a mão sente a picada dos espinhos, os olhos descobrem um ramo de rosas esplêndidas, cheias de aroma.

Sétima Estação
JESUS CAI PELA SEGUNDA VEZ

Já fora da muralha, o corpo de Jesus volta a abater-se por causa da fraqueza e cai pela segunda vez, entre a gritaria da multidão e os empurrões dos soldados.

A debilidade do corpo e a amargura da alma fizeram com que Jesus caísse de novo. Todos os pecados dos homens – os meus também – pesam sobre a sua Humanidade Santíssima.

Foi ele que tomou sobre si as nossas enfermidades e carregou com as nossas dores; e nós o reputávamos como um leproso, ferido por Deus e humilhado. Mas por nossas iniquidades é que foi ferido, por nossos pecados é que foi torturado. O castigo que nos havia de trazer a paz caiu sobre ele, e por suas chagas fomos curados (Is LIII, 4-5).

Jesus desfalece, mas a sua queda nos levanta, a sua morte nos ressuscita.

À nossa reincidência no mal, responde Jesus com a sua insistência em redimir-nos, com abundância de perdão. E, para que ninguém desespere, torna a erguer-se, fatigosamente abraçado à Cruz.

Que os tropeços e as derrotas já não nos afastem mais dEle. Como a criança débil se lança compungida nos braços vigorosos de seu pai, tu e eu nos arrimaremos ao jugo de Jesus. Só essa contrição e essa humildade transformarão a nossa fraqueza humana em fortaleza divina.

Pontos de meditação

1. Jesus cai pelo peso do madeiro... Nós, pela atração das coisas da terra.

Prefere sucumbir a soltar a Cruz. Assim sara Cristo o desamor que a nós derruba.

2. Esse desalento, por quê? Pelas tuas misérias? Pelas tuas derrotas, às vezes contínuas? Por uma queda grande, grande, que não esperavas?

-52-

Sê simples. Abre o coração. Olha que ainda nada se perdeu. Ainda podes continuar avante, e com mais amor, com mais carinho, com mais fortaleza.

Refugia-te na filiação divina: Deus é teu Pai amantíssimo. Esta é a tua segurança, o ancoradouro onde lançar ferro, aconteça o que acontecer na superfície deste mar da vida. E encontrarás alegria, fortaleza, otimismo..., vitória!

3. Disseste-me: – Padre, estou passando muito mal.

E eu te respondi ao ouvido: – Põe aos ombros uma partezinha dessa cruz, só uma parte pequena. E se nem mesmo assim puderes com ela..., deixa-a toda inteira sobre os ombros fortes de Cristo. E repete desde já comigo: *Senhor, meu Deus! Em tuas mãos abandono o passado e o presente e o futuro, o pequeno e o grande, o pouco e o muito, o temporal e o eterno.*

E fica tranquilo.

4. Certa vez, cheguei a perguntar-me qual o maior martírio: se o de quem recebe a morte pela fé, das mãos dos inimigos de Deus; se o de quem gasta os seus anos trabalhando sem outra mira que a de servir a Igreja e as almas, e envelhece sorrindo, e passa despercebido...

Para mim, o martírio sem espetáculo é mais heroico... Esse é o teu caminho.

5. Para seguir o Senhor, para chegar a um trato íntimo com Ele, temos de espezinhar-nos pela humildade como se pisa a uva no lagar.

Se calcamos aos pés a nossa miséria – que é o que somos –, então Ele se hospeda à vontade na alma. Como em Betânia, fala conosco e nós com Ele, em conversação confiada de amigos.

Oitava Estação
JESUS CONSOLA AS FILHAS DE JERUSALÉM

Entre a multidão que contempla a passagem do Senhor, há algumas mulheres que não podem conter a sua compaixão e prorrompem em lágrimas, recordando talvez aquelas jornadas gloriosas de Jesus Cristo, quando todos exclamavam maravilhados: *Bene omnia fecit* (Mc VII, 37), fez tudo bem feito.

Mas o Senhor quer dirigir esse pranto para um motivo mais sobrenatural, e as convida a chorar pelos pecados, que são a causa da Paixão e que hão de atrair o rigor da justiça divina:

– *Filhas de Jerusalém, não choreis por mim, mas chorai por vós e pelos vossos filhos... Porque, se assim se trata o lenho verde, que se fará com o seco?* (Lc XXIII, 28.31).

Os teus pecados, os meus, os de todos os homens, põem-se em pé. Todo o mal que fizemos e o bem que deixamos de fazer. O panorama desolador dos delitos e infâmias sem conta, que teríamos cometido se Ele, Jesus, não nos tivesse confortado com a luz do seu olhar amabilíssimo.

Que pouco é uma vida para reparar tudo isso!

Pontos de meditação

1. Os santos – dizes-me – estalavam em lágrimas de dor ao pensarem na Paixão de Nosso Senhor. Eu, pelo contrário...

Talvez seja porque tu e eu presenciamos as cenas, mas não as "vivemos".

2. *Veio para o que era seu, e os seus não o receberam* (Jo I, 11). Mais ainda, arrastam-nO para fora da cidade a fim de O crucificarem.

Jesus responde com um convite ao arrependimento, agora, enquanto a alma está a caminho e ainda há tempo.

Contrição profunda pelos nossos pecados Dor pela malícia inesgotável dos homens que se prepara para dar a morte ao Senhor. Reparação pelos que ainda se obstinam em tornar estéril o sacrifício de Cristo na Cruz.

3. É preciso unir, é preciso compreender, é preciso desculpar.

Não levantes jamais uma cruz só para recordar que uns mataram outros. Seria o estandarte do diabo.

A Cruz de Cristo é calar-se, perdoar e rezar por uns e por outros, para que todos alcancem a paz.

4. O Mestre passa, uma vez e outra, muito perto de nós. Olha-nos... E se O olhas, se O escutas, se não O repeles, Ele te ensinará o modo de dares sentido sobrenatural a todas as tuas ações... E então também tu semearás, onde quer que te encontres, consolo e paz e alegria.

5. Por muito que ames, nunca amarás bastante.

O coração humano tem um coeficiente de dilatação enorme. Quando ama, alarga-se num *crescendo* de carinho que ultrapassa todas as barreiras.

Se amas o Senhor, não haverá criatura que não encontre lugar em teu coração.

Nona Estação
JESUS CAI PELA TERCEIRA VEZ

O Senhor cai pela terceira vez, na ladeira do Calvário, quando faltam apenas quarenta ou cinquenta passos para chegar ao cimo. Jesus não se tem em pé: faltam-Lhe as forças e, esgotado, jaz por terra.

Entregou-se porque quis; maltratado, não abriu a boca, qual cordeiro levado ao matadouro, qual ovelha muda ante os tosquiadores (Is LIII, 7).

Todos contra Ele..., os da cidade e os forasteiros, e os fariseus e os soldados e os príncipes dos sacerdotes... Todos verdugos. Sua Mãe – minha Mãe –, Maria, chora.

Jesus cumpre a Vontade de seu Pai! Pobre: nu. Generoso: o que lhe falta entregar? *Dilexit me, et tradidit semetipsum pro me* (Gál II, 20), amou-me e entregou-se até a morte por mim.

-61-

Meu Deus! Que eu odeie o pecado e me una a Ti, abraçando-me à Santa Cruz para cumprir por minha vez a tua Vontade amabilíssima..., nu de todo afeto terreno, sem outras miras que a tua glória..., generosamente, sem reservar nada para mim, oferecendo-me contigo em perfeito holocausto.

Pontos de meditação

1. O Senhor já não pode levantar-se, tão gravoso é o fardo da nossa miséria. Levam-nO como peso morto até o patíbulo. Ele deixa, em silêncio.

Humildade de Jesus. Aniquilamento de Deus que nos levanta e exalta. Entendes agora por que te aconselhei a pôr o coração no chão para que os outros pisem macio?

2. Quanto custa chegar até o Calvário!

Tu também tens de vencer-te, para não abandonares o caminho... Essa peleja é uma maravilha, uma autêntica prova do amor de Deus, que nos quer fortes, porque *virtus in infirmitate perficitur* (II Cor XII, 9), a virtude se fortalece na fraqueza.

O Senhor sabe que, quando nos sentimos débeis, nos aproximamos dEle, rezamos melhor, nos mortificamos mais, intensificamos o amor ao próximo. Assim nos fazemos santos.

Dá muitas graças a Deus porque permite que haja tentações..., e porque lutas.

3. Queres acompanhar Jesus de perto, muito de perto?... Abre o Santo Evangelho e lê a Paixão do Senhor. Mas ler só, não: viver. A diferença é grande. Ler é recordar uma coisa que passou; viver é achar-se presente num acontecimento que está ocorrendo agora mesmo, ser mais um naquelas cenas.

Deixa, pois, que o teu coração se expanda, que se coloque junto do Senhor. E quando notares que se escapa – que és covarde, como os outros –, pede perdão pelas tuas covardias e pelas minhas.

4. Parece que o mundo desaba sobre a tua cabeça. À tua volta, não se vislumbra uma saída. Impossível, desta vez, superar as dificuldades.

Mas tornaste a esquecer que Deus é teu Pai? Onipotente, infinitamente sábio, misericordioso.

Ele não te pode enviar nada de mau. Isso que te preocupa é bom para ti, ainda que agora teus olhos de carne estejam cegos.

Omnia in bonum! Tudo é para bem! Senhor, que outra vez e sempre se cumpra a tua sapientíssima Vontade!

5. Agora compreendes quanto fizeste sofrer Jesus, e te enches de dor: que simples pedir-Lhe perdão e chorar as tuas traições passadas! Não te cabem no peito as ânsias de reparação!

Muito bem. Mas não esqueças que o espírito de penitência consiste principalmente em cumprir, custe o que custar, o dever de cada instante.

Décima Estação

JESUS É DESPOJADO
DE SUAS VESTES

Quando o Senhor chega ao Calvário, dão-Lhe a beber um pouco de vinho misturado com fel, como um narcótico que diminua em parte a dor da crucifixão. Mas Jesus, tendo-o provado para agradecer esse piedoso serviço, não quis bebê-lo (cfr. Mt XXVII, 34). Entrega-se à morte com a plena liberdade do Amor.

Depois, os soldados despojam Cristo de suas vestes.

Desde a planta dos pés até o alto da cabeça, não há nele nada são; tudo é uma ferida, incha-ços, chagas podres, nem tratadas, nem venda-las, nem suavizadas com óleo (Is I, 6).

Os verdugos tomam as suas vestes e as dividem em quatro partes. Mas a túnica não tem costura, e por isso dizem:

– *Não a dividamos, mas lancemos sortes para ver de quem será* (Jo XIX, 24).

Desse modo voltou a cumprir-se a Escritura: *Repartiram entre si as minhas vestes e lançaram sortes sobre a minha túnica* (Sl XXI, 19).

É o espólio, o despojamento, é a pobreza mais absoluta. Nada restou ao Senhor, a não ser um madeiro.

Para chegar a Deus, Cristo é o caminho. Mas Cristo está na Cruz; e, para subir à Cruz, é preciso ter o coração livre, desprendido das coisas da terra.

Pontos de meditação

1. Do Pretório ao Calvário, choveram sobre Jesus os insultos da plebe enlouquecida, o rigor dos soldados, as zombarias do Sinédrio.. Escárnios e blasfêmias... Nem uma queixa, nem uma palavra de protesto. Nem mesmo quando, sem contemplações, Lhe arrancam da pele as vestes.

Aqui compreendo a minha insensatez ao desculpar-me, e a de tantas palavras vãs. Propósito firme: trabalhar e sofrer pelo meu Senhor, em silêncio.

2. O corpo chagado de Jesus é verdadeiramente um *retábulo de dores*...

Por contraste, vem-me à memória tanto comodismo, tanto capricho, tanto desleixo, tanta mesquinhez... e essa falsa compaixão com que trato a minha carne.

Senhor! Por tua Paixão e por tua Cruz, dá-me forças para viver a mortificação dos sentidos e arrancar tudo o que me afaste de Ti.

3. A ti, que te desmoralizas, vou-te repetir uma coisa muito consoladora: a quem faz o que pode, Deus não lhe nega a sua graça. Nosso Senhor é Pai, e, se um filho Lhe diz na quietude do seu coração: "Meu Pai do Céu, aqui estou eu, ajuda-me...", se recorre à Mãe de Deus, que é Mãe nossa, vai para a frente.

Mas Deus é exigente. Pede amor de verdade; não quer traidores. É preciso que sejamos fiéis nessa peleja sobrenatural, que é sermos felizes na terra à força de sacrifício.

4. Os verdadeiros obstáculos que te separam de Cristo – a soberba, a sensualidade... – superam-se com oração e penitência. E rezar e mortificar-se é também ocupar-se dos outros e esquecer-se de si mesmo. Se vives assim, verás como a maior parte dos contratempos que tens desaparece.

5. Quando lutamos por ser verdadeiramente *ipse Christus,* o próprio Cristo, então o humano se entrelaça com o divino na nossa própria vida. Todos os nossos esforços – mesmo os mais insignificantes – adquirem um alcance eterno, porque se unem ao sacrifício de Jesus na Cruz.

Décima Primeira Estação
JESUS É PREGADO NA CRUZ

Agora crucificam o Senhor, e junto dEle dois ladrões, um à direita e outro à esquerda. Enquanto isso, Jesus diz:

– *Pai, perdoa-lhes porque não sabem o que fazem* (Lc XXIII, 34).

Foi o Amor que levou Jesus ao Calvário. E já na Cruz, todos os seus gestos e todas as suas palavras são de amor, de amor sereno e forte.

Em atitude de Sacerdote Eterno, sem pai nem mãe, sem genealogia (cfr. Heb VII, 3), abre os braços à humanidade inteira.

Juntamente com as marteladas que pregam Jesus, ressoam as palavras proféticas da Escritura

Santa: *Trespassaram as minhas mãos e os meus pés. Posso contar todos os meus ossos, e eles me olham e me contemplam* (Sl XXI, 17-18).

– *Ó meu povo! Que te fiz eu, em que te contristei? Responde-me!* (Miq VI, 3).

E nós, despedaçada de dor a alma, dizemos sinceramente a Jesus: – Sou teu, e entrego-me a Ti, e prego-me na Cruz de bom grado, sendo nas encruzilhadas do mundo uma alma que se entregou a Ti, à tua glória, à Redenção, à corredenção da humanidade inteira.

Pontos de meditação

1. Já pregaram Jesus ao madeiro. Os verdugos executaram impiedosamente a sentença. O Senhor deixou, com mansidão infinita.

Não era necessário tanto tormento. Ele podia ter evitado aquelas amarguras, aquelas humilhações, aqueles maus tratos, aquele juízo iníquo, e a vergonha do patíbulo e os pregos, e a lança... Mas quis sofrer tudo isso por ti e por mim. E nós não havemos de saber corresponder?

É muito possível que nalguma ocasião, a sós com um crucifixo, te venham as lágrimas aos olhos. Não te contenhas... Mas procura que esse pranto acabe num propósito.

2. Amo tanto Cristo na Cruz, que cada crucifixo é como uma censura carinhosa do meu Deus: – Eu sofrendo, e tu... covarde. Eu amando-te, e tu... esquecendo-me. Eu pedindo-te, e tu... negando-me. Eu, aqui, com gesto de Sacerdote Eterno, padecendo quanto é possível por amor de ti, e tu... te queixas ante a menor incompreensão, ante a menor humilhação...

3. Que belas essas cruzes no cume dos montes, no alto dos grandes monumentos, no pináculo das catedrais!... Mas a Cruz, é preciso inseri-la também nas entranhas do mundo.

Jesus quer ser levantado ao alto, aí: no ruído das fábricas e dos escritórios, no silêncio das bibliotecas, no fragor das ruas, na quietude dos campos, na intimidade das famílias, nas assembleias, nos estádios... Lá onde um cristão gaste a sua vida honradamente, deve colocar com o seu amor a Cruz de Cristo, que atrai a Si todas as coisas.

4. Depois de tantos anos, aquele sacerdote fez uma descoberta maravilhosa: compreendeu que a Santa Missa é verdadeiro trabalho: *operatio Dei,* trabalho de Deus. E nesse dia, ao celebrá-la, experimentou dor, alegria e cansaço. Sentiu na sua carne o esgotamento de um labor divino.

A Cristo, também Lhe custou trabalho a primeira Missa: a Cruz.

5. Antes de começares a trabalhar, põe sobre a tua mesa, ou junto dos utensílios do teu trabalho, um crucifixo. De quando em quando, lança-lhe um olhar... Quando chegar a fadiga, hão de fugir-te os olhos para Jesus, e acharás nova força para prosseguires no teu empenho.

Porque esse crucifixo é mais que o retrato de uma pessoa querida: os pais, os filhos, a mulher, a noiva... Ele é tudo: teu Pai, teu Irmão, teu Amigo, o teu Deus e o Amor dos teus amores.

Décima Segunda Estação
JESUS MORRE NA CRUZ

Na parte alta da Cruz está escrita a causa da condenação: *Jesus Nazareno, Rei dos judeus* (Jo XIX, 19). E todos os que passam por ali O injuriam e fazem troça dEle.

– *Se é o rei de Israel, que desça agora da cruz* (Mt XXVII, 42).

Um dos ladrões sai em sua defesa:

– *Este não fez mal algum...* (Lc XXIII, 41).

Depois dirige a Jesus um pedido humilde, cheio de fé:

– *Senhor, lembra-te de mim quando estiveres no teu reino* (Lc XXIII, 42).

– *Em verdade te digo que hoje mesmo estarás comigo no Paraíso* (Lc XXIII, 43).

Junto à Cruz está sua Mãe, Maria, com outras santas mulheres. Jesus olha para Ela, e depois olha para o discípulo a quem ama, e diz à sua Mãe:

– *Mulher, aí tens o teu filho.*

Depois diz ao discípulo:

– *Aí tens a tua mãe* (Jo XIX, 26-27).

Apagam-se as luminárias do céu, e a terra fica sumida em trevas. São perto das três, quando Jesus exclama:

– *Eli, Eli, lamma sabachtani? Isto é: Meu Deus, meu Deus, por que me abandonaste?* (Mt XXVII, 46).

Depois, sabendo que todas as coisas estão prestes a ser consumadas, para que se cumpra a Escritura, diz:

– *Tenho sede* (Jo XIX, 28).

Os soldados embebem em vinagre uma esponja e, pondo-a numa haste de hissopo, aproximam-Lha da boca. Jesus sorve o vinagre e exclama:

– *Tudo está consumado* (Jo XIX, 30).

Rasga-se o véu do Templo e a terra treme, quando o Senhor clama em voz forte:

– *Pai, em tuas mãos encomendo o meu espírito* (Lc XXIII, 46).

E expira.

Ama o sacrifício, que é fonte de vida interior. Ama a Cruz, que é altar do sacrifício. Ama a dor, até beberes, como Cristo, o cálice até a última gota.

Pontos de meditação

1. *Et inclinato capite, tradidit spiritum* (Jo XIX, 30). E, inclinando a cabeça, rendeu o espírito.

O Senhor exalou o seu último alento. Os discípulos tinham-nO ouvido dizer muitas vezes: *Meus cibus est..., meu alimento é fazer a vontade daquele que me enviou e cumprir a sua obra* (Jo IV, 34). Assim o fez, até o fim, com paciência, com humildade, sem reservar nada para Si... *Oboediens usque ad mortem* (Filip II, 8): obedeceu até a morte, e morte de Cruz!

2. Uma Cruz. Um corpo cravado com pregos ao madeiro. O lado aberto... Com Jesus ficam somente sua Mãe, umas mulheres e um adolescente. Os Apóstolos, onde é que estão? E os que foram curados de suas doenças: os coxos, os cegos, os leprosos? E os que O aclamaram?... Ninguém responde! Cristo, rodeado de silêncio.

Também tu podes sentir algum dia a solidão do Senhor na Cruz. Procura então o apoio dAquele que morreu e ressuscitou. Procura para ti abrigo nas chagas das suas mãos, dos seus pés, do seu lado aberto. E renovar-se-á a tua vontade de recomeçar, e reempreenderás o caminho com maior decisão e eficácia.

3. Há uma falsa ascética que apresenta o Senhor na Cruz enraivecido, rebelde. Um corpo retorcido que parece ameaçar os homens: vós me quebrantastes, mas eu lançarei sobre vós os meus pregos, a minha cruz e os meus espinhos.

Esses não conhecem o espírito de Cristo. Ele sofreu tudo quanto pôde – e, por ser Deus, podia tanto! Mas amava mais do que padecia... E, depois de morto, consentiu que uma lança Lhe abrisse outra chaga, para que tu e eu encontrássemos refúgio junto ao seu Coração amabilíssimo.

4. Tenho repetido muitas vezes aquele verso do hino eucarístico: *Peto quod petivit latro* *poenitens*. E sempre me comovo: pedir como o ladrão arrependido!

Reconheceu que ele, sim, é que merecia aquele castigo atroz... E com uma palavra roubou o coração a Cristo e abriu para si as portas do Céu.

5. Da Cruz pende o corpo – já sem vida – do Senhor. A multidão, *considerando o que se tinha passado, regressa batendo no peito* (Lc XXIII, 48).

Agora que estás arrependido, promete a Jesus que – com a sua ajuda – não irás crucificá-lO mais. Dize-o com fé. Repete uma e mil vezes: – Eu Te amarei, meu Deus, porque, desde que nasceste, desde que eras criança, Te abandonaste em meus braços, inerme, fiado na minha lealdade.

Décima Terceira Estação

JESUS É DESPREGADO DA CRUZ E ENTREGUE À SUA MÃE

Submersa em dor, Maria está junto à Cruz. E João com Ela. Mas faz-se tarde, e os judeus insistem em que tirem o Senhor dali.

Depois de ter obtido de Pilatos a autorização que a lei romana exige para sepultar os condenados, chega ao Calvário *um senador chamado José, homem virtuoso e justo, oriundo de Arimateia, que não tinha concordado com a decisão dos outros nem com os seus atos, antes era dos que esperavam o reino de Deus* (Lc XXIII, 50-51).

Acompanha-o Nicodemos – *o mesmo que em outra ocasião fora de noite ter com Jesus –*, *trazendo cerca de cem libras de uma mistura de mirra e aloés* (Jo XIX, 39).

Não eram conhecidos publicamente como discípulos do Mestre; não tinham presenciado os grandes milagres nem O tinham acompanhado na sua entrada triunfal em Jerusalém. Agora que o momento é mau e os outros fugiram, não têm medo de expor-se pelo seu Senhor.

Tomam ambos o corpo de Jesus e o deixam nos braços de sua Santíssima Mãe. Renova-se a dor de Maria.

– *Para onde foi o teu Amado, ó mais bela das mulheres? Para onde foi aquele a quem amas?, e nós o buscaremos contigo* (Cânt V, 17).

A Virgem Santíssima é nossa Mãe, e não queremos nem podemos deixá-lA só.

Pontos de meditação

1. Veio salvar o mundo, e os seus O negaram diante de Pilatos.

Ensinou-nos o caminho do bem, e O arrastam pelo caminho do Calvário.

Deu exemplo em tudo, e preferem um ladrão homicida.

Nasceu para perdoar, e – sem motivo – O condenam ao suplício.

Chegou por sendas de paz, e declaram-Lhe a guerra.

Era a Luz, e entregam-nO ao poder das trevas.

Trazia Amor, e pagam-Lhe com ódio.

Veio para ser Rei, e O coroam de espinhos.

Fez-se servo para nos libertar do pecado, e O pregam na Cruz.

Tomou carne para nos dar a Vida, e nós O recompensamos com a morte.

2. Não entendo o teu conceito de *cristão*.

Achas que é justo que o Senhor tenha morrido crucificado e tu te conformes com "ir levando"? Por acaso esse "ir levando" é o caminho áspero e estreito de que falava Jesus?

3. Não admitas o desalento no teu apostolado. Não fracassaste, como Jesus também não fracassou na Cruz. Ânimo!... Continua contra a corrente, protegido pelo Coração Materno e Puríssimo da Senhora: *Sancta Maria, refugium nostrum et virtus!* Tu és o meu refúgio e a minha fortaleza.

Tranquilo. Sereno... Deus tem muito poucos amigos na terra. Não desejes sair deste mundo. Não te esquives ao peso dos dias, ainda que às vezes se nos tornem muito longos.

4. Se queres ser fiel, sê muito mariano.

A nossa Mãe – desde a embaixada do Anjo até a sua agonia ao pé da Cruz – não teve outro coração nem outra vida que não a de Jesus.

Recorre a Maria com terna devoção de filho, e Ela te alcançará essa lealdade e abnegação que desejas.

5. "Não valho nada, não posso nada, não tenho nada, não sou nada..."

Mas Tu subiste à Cruz para que possa apropriar-me dos teus méritos infinitos. E aí recebo também os merecimentos da Mãe de Deus – são meus porque sou seu filho – e os de São José E faço minhas as virtudes dos santos e de tantas almas que se entregaram a Deus...

Depois, lanço um olhar à minha vida e digo: – Ai, meu Deus, isto é uma noite cheia de escuridão! Só de vez em quando brilham uns pontos luminosos, pela tua grande misericórdia e pela minha pouca correspondência... Eu Te ofereço tudo isto, Senhor; não tenho outra coisa.

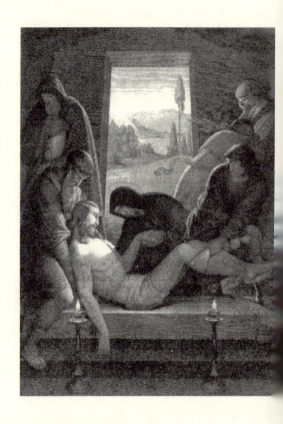

Décima Quarta Estação
O CORPO DE JESUS É SEPULTADO

Muito perto do Calvário, num horto, José de Arimateia tinha mandado talhar para si um sepulcro novo, na rocha. E, por ser véspera da grande Páscoa dos judeus, é lá que põem Jesus. Depois, José *rolou uma grande pedra à entrada do sepulcro e retirou-se* (Mt XXVII, 60).

Jesus veio ao mundo sem nada, e sem nada – nem mesmo o lugar onde repousa – foi-se-nos embora.

A Mãe do Senhor – minha Mãe – e as mulheres que tinham seguido o Mestre desde a Galileia, depois de observarem tudo atentamente, vão-se embora também. Cai a noite.

Agora tudo passou. Concluiu-se a obra da nossa Redenção. Já somos filhos de Deus, porque Jesus morreu por nós e a sua morte nos resgatou.

Empti enim estis pretio magno! (I Cor VI, 20), tu e eu fomos comprados por um grande preço.

Temos de converter em vida nossa a vida e a morte de Cristo. Morrer pela mortificação e pela penitência, para que Cristo viva em nós pelo Amor. E seguir então os passos de Cristo com ânsias de corredimir todas as almas.

Dar a vida pelos outros. Só assim se vive a vida de Jesus Cristo e nos fazemos uma só coisa com Ele.

Pontos de meditação

1. Nicodemos e José de Arimateia – discípulos ocultos de Cristo – intercedem por Ele valendo-se dos altos cargos que ocupam. Na hora da soledade, do abandono total e do desprezo... expõem-se *audacter,* audazmente! (Mc XV, 43) Valentia heroica!

Eu subirei com eles até junto da Cruz, apertar-me-ei ao Corpo frio, cadáver de Cristo, com o fogo do meu amor..., despregá-lo-ei com os meus desagravos e mortificações..., envolvê-lo-ei com o lençol novo da minha vida limpa e o enterrarei em meu peito de rocha viva, donde ninguém mo poderá arrancar – e aí, Senhor, descansai!

Quando todo o mundo Vos abandonar e desprezar..., *serviam!,* eu Vos servirei, Senhor!

2. *Sabei que fostes resgatados da vossa vã conduta... não com prata ou ouro, que são coisas perecíveis, mas pelo sangue precioso de Cristo* (I Pe I, 18-19).

Não nos pertencemos. Jesus Cristo comprou-nos com a sua Paixão e com a sua Morte. Somos vida sua. Já só há uma única maneira de vivermos na terra: morrer com Cristo para ressuscitar com Ele, até podermos dizer com o Apóstolo: *Não sou eu que vivo, é Cristo que vive em mim* (Gál II, 20).

3. A Paixão de Jesus é manancial inesgotável de vida.

Umas vezes, renovamos o gozoso impulso que levou o Senhor a Jerusalém. Outras, a dor da agonia que concluiu no Calvário... Ou a glória do seu triunfo sobre a morte e o pecado. Mas, sempre!, o amor – gozoso, doloroso, glorioso – do Coração de Jesus Cristo.

4. Pensa primeiro nos outros. Assim passarás pela terra com erros, sim – que são inevitáveis –, mas deixando um rastro de bem.

E quando chegar a hora da morte, que virá inexorável, acolhê-la-ás com júbilo, como Cristo, porque, como Ele, também ressuscitaremos para receber o prêmio do seu Amor.

5. Quando me sinto capaz de todos os horrores e de todos os erros que as pessoas mais ruins cometeram, compreendo bem que posso não ser fiel... Mas essa incerteza é uma das bondades do Amor de Deus, que me leva a estar, como uma criança, agarrado aos braços de meu Pai, lutando cada dia um pouco para não me afastar dEle.

Fico então com a certeza de que Deus não me largará da Sua mão. *Pode a mulher esquecer-se do fruto do seu ventre, não se compadecer do fruto das suas entranhas? Pois ainda que ela se esquecesse, eu não te esquecerei* (Is XLIX, 15).

Direção geral
Renata Ferlin Sugai

Direção editorial
Hugo Langone

Produção editorial
Juliana Amato
Gabriela Haeitmann
Ronaldo Vasconcelos
Roberto Martins

Capa
Gabriela Haeitmann

Diagramação
Sérgio Ramalho

ESTE LIVRO ACABOU DE SE IMPRIMIR
A 25 DE FEVEREIRO DE 2025,
EM PAPEL PÓLEN BOLD 90 g/m².